U0892658

2012

中国人才资源

统计报告

中共中央组织部

中国统计出版社
China Statistics Press

© 中国统计出版社 2014
版权所有。未经许可，本书的任何部分不得以任何方式在世界任何地区以任何文字翻印、拷贝、仿制或转载。

© 2014 China Statistics Press
All rights reserved. No part of the publication may be reproduced or transmitted in any form or by any means, electronic or mechanical, including photocopying, recording, or any information storage and retrieval system, without written permission from the publisher.

图书在版编目（CIP）数据

中国人才资源统计报告 . 2012 / 中共中央组织部编 .
-- 北京 : 中国统计出版社 , 2014.4
ISBN 978-7-5037-7065-4

Ⅰ . ①中… Ⅱ . ①中… Ⅲ . ①人才资源开发－统计资料－中国－ 2012 Ⅳ . ① C964.2-66

中国版本图书馆 CIP 数据核字 (2014) 第 045561 号

中国人才资源统计报告 2012

作　　者 / 中共中央组织部
责任编辑 / 余竞雄
装帧设计 / 李雪燕　黄　晨
出版发行 / 中国统计出版社
地　　址 / 北京市丰台区西三环南路甲 6 号　邮政编码 /100073
电　　话 / 邮购 (010) 63376907　书店（010）68783171
网　　址 / http://csp.stats.gov.cn
印　　刷 / 北京画中画印刷有限公司
经　　销 / 新华书店
开　　本 / 890mm×1240mm　1/16
字　　数 / 60 千字
印　　张 / 4.25
版　　别 / 2014 年 5 月第 1 版
版　　次 / 2014 年 5 月第 1 次印刷
定　　价 / 38.00 元

如有印装差错，由本社发行部调换。

《中国人才资源统计报告 -2012》
编委会和编辑人员

编 委 会

主　　任：陈　希
副 主 任：潘立刚　高选民　杨志明　王晓初
　　　　　李　强
编　　委：胡金旗　孙学玉　纪　红　王炳森
　　　　　郭先魁　李保国　靳　宏　徐荣华

编辑人员

李晓东　孔　峰　金　迪　李　颖
郝志敏　李　智　邓尚洁　桑助来
张建文

编者说明

一、《中国人才资源统计报告 -2012》系统收录了全国及各省（自治区、直辖市）2012 年人才发展、监测与评价总体状况和公有制领域人才队伍建设情况的统计数据，是一部较为全面反映我国人才发展状况的统计资料。

二、本报告正文内容分为三个部分，即：1. 人才发展主要指标；2. 人才队伍建设统计指标，包括党政人才、公有制经济领域企业经营管理人才和公有制经济领域专业技术人才队伍建设情况；3. 国家人才发展监测与评价主要指标。

三、本报告相关篇章前设有《简要说明》，对本篇章资料的主要内容、统计范围与对象、报告期、资料来源与调查方法等情况予以简要概述；篇末附有《主要统计指标解释》。在不同篇章的下部标有注解，主要是对该篇章有关统计口径及需说明的情况进行解释。对于统计口径相同的指标，仅在该指标第一次出现的篇章中作出解释。

四、本报告所涉及的全国性统计数据，除个别指标已单独标注外，均未包括香港、澳门特别行政区和台湾省数据。

五、符号使用说明：报告各表中的“空格”表示该项统计指标数据不详或无该项数据；“#”表示其中的主要项。

六、本报告所使用的度量衡单位均采用国际统一标准计量单位。

七、本报告中部分数据合计数或相对数由于单位取舍不同而产生的计算误差，均未做机械调整。

目 录

一、人才发展主要指标

简要说明…… 2

1-1 国家人才发展主要指标 …… 3

主要统计指标解释…… 4

二、人才队伍建设

（一）党政人才资源

简要说明…… 8

2-1-1 党政人才资源总体情况 …… 9

2-1-2 各地区党政人才资源性别、民族、政治面貌结构情况 …… 10

2-1-3 各地区党政人才资源学历结构情况 …… 11

2-1-4 各地区党政人才资源年龄结构情况 …… 12

主要统计指标解释…… 13

（二）公有制经济领域企业经营管理人才资源

简要说明…… 16

2-2-1 公有制经济领域企业经营管理人才资源总体情况（一） …… 17

2-2-2 公有制经济领域企业经营管理人才资源总体情况（二） …… 18

2-2-3 公有制经济领域企业经营管理人才资源总体情况（三） …… 19

2-2-4 各地区公有制经济领域企业经营管理人才资源岗位类型情况 …… 20

2-2-5 各地区公有制经济领域企业经营管理人才资源企业层次分布情况 …… 21

2-2-6 各地区公有制经济领域企业经营管理人才资源性别、民族、政治面貌结构情况 …… 22

2-2-7 各行业公有制经济领域企业经营管理人才资源性别、民族、政治面貌结构情况 …… 23

2-2-8 各地区公有制经济领域企业经营管理人才资源年龄结构情况 …… 24

2-2-9 各行业公有制经济领域企业经营管理人才资源年龄结构情况 …… 25
2-2-10 各地区公有制经济领域企业经营管理人才资源学历结构情况 …… 26
2-2-11 各行业公有制经济领域企业经营管理人才资源学历结构情况 …… 27
2-2-12 各地区公有制经济领域企业经营管理人才资源行业分布情况（一） …… 28
2-2-13 各地区公有制经济领域企业经营管理人才资源行业分布情况（二） …… 29
2-2-14 各地区公有制经济领域企业经营管理人才资源所属企业类型情况 …… 30
2-2-15 各地区公有制经济领域企业经营管理人才配置情况 …… 31
2-2-16 各地区公有制经济领域企业经营管理人才资源培训情况 …… 32
主要统计指标解释 …… 33

（三）公有制经济领域专业技术人才资源

简要说明 …… 36
2-3-1 公有制经济领域专业技术人才资源总体情况（一） …… 37
2-3-2 公有制经济领域专业技术人才资源总体情况（二） …… 38
2-3-3 公有制经济领域专业技术人才资源总体情况（三） …… 39
2-3-4 各地区公有制经济领域专业技术人才资源单位性质分类情况 …… 40
2-3-5 各地区公有制经济领域专业技术人才资源单位层次分布情况 …… 41
2-3-6 各地区公有制经济领域专业技术人才资源性别、民族、政治面貌结构情况 …… 42
2-3-7 各地区公有制经济领域专业技术人才资源年龄结构情况 …… 43
2-3-8 各地区公有制经济领域专业技术人才资源学历结构情况 …… 44
2-3-9 各地区公有制经济领域专业技术人才资源职称结构情况 …… 45
2-3-10 各地区公有制经济领域专业技术人才资源专业技术类别情况 …… 46
2-3-11 各地区公有制经济领域专业技术人才资源行业分布情况（一） …… 47
2-3-12 各地区公有制经济领域专业技术人才资源行业分布情况（二） …… 48
2-3-13 各地区公有制经济领域专业技术人才资源行业分布情况（三） …… 49
2-3-14 各地区公有制经济领域专业技术人才资源继续教育情况 …… 50
主要统计指标解释 …… 51

三、国家人才发展监测与评价主要指标

简要说明 …… 54
3-1 国家人才发展监测与评价主要指标 …… 55
主要统计指标解释 …… 56

一、人才发展主要指标

简要说明

一、主要内容

本篇资料通过四个主要指标反映2012年度全国人才资源总体情况，包括：每万劳动力中研发人员、主要劳动年龄人口受过高等教育的比例、人力资本投资占国内生产总值比例、人才贡献率。

二、报告期

本篇资料中，2012年每万劳动力中研发人员、主要劳动年龄人口受过高等教育的比例为时点指标，统计截止时间为2012年12月31日。2012年人力资本投资占国内生产总值比例、人才贡献率为时期指标，其中2012年人力资本投资占国内生产总值比例的统计起止时间为2012年1月1日至12月31日，2012年人才贡献率为2008—2012年的平均值。

三、资料来源

本篇资料中，每万劳动力中研发人员指标由科技部计算提供；主要劳动年龄人口受过高等教育的比例指标由教育部计算提供；人力资本投资占国内生产总值比例指标和人才贡献率指标由国家统计局计算提供。

1-1 国家人才发展主要指标

指　　标	单位	2012年
每万劳动力中研发人员	人年/万人	42.3
主要劳动年龄人口受过高等教育的比例	%	13.6
人力资本投资占国内生产总值比例	%	14.2
人才贡献率	%	29.8

主要统计指标解释

每万劳动力中研发人员 指每万劳动力（就业人口）中研发人员全时当量数。研发人员指参与研发项目研究、管理和辅助工作人员，包括项目（课题）组人员、企业科技行政管理人员和直接为项目（课题）活动提供服务的辅助人员。测度研发人员采用全时当量（即人年）。

主要劳动年龄人口受过高等教育的比例 指 20 ~ 59 岁人口中接受过大专及以上学历教育的人数所占比例。

计算公式:

主要劳动年龄人口受过高等教育的比例 = 20 ~ 59 岁受过高等教育的人口数 /20 ~ 59 岁总人口数 × 100%

人力资本投资占国内生产总值的比例 指全社会教育支出、卫生支出和研发（R&D）支出之和占 GDP 的比例。

人才贡献率 即人才资本对经济增长的贡献率，是指人才资本作为经济运行中的核心投入要素，通过其自身形成的递增收益和产生的外部溢出效应，对经济增长所作出的贡献份额。基本方法是：采用基于麦迪森（*Maddison*）系数的受教育年限法测度人力资本存量，进而将人力资本分解为基础人力资本和专业化人力资本（即人才资本）两个部分，而后运用柯布—道格拉斯（*Cobb—Douglas*）生产函数（简称 C-D 生产函数）的人力资本分类模型，进行分离和测算。

C-D 生产函数型的人力资本分类模型如下:

$$Y = AK^{\alpha} H_{r}^{\beta} H_{c}^{\gamma} e^{\mu} \qquad (1)$$

其中，Y 为产出变量（GDP），A 为综合效率常数，K 为物质资本存量，H_r 为基础人力资本，H_c 为人才资本，α、β、γ 分别为 K、H_r、H_c 的产出弹性，A、α、β、γ 均为待估计参数。

为了估计（1）中的未知参数，对（1）两边取对数，得到线性方程:

$$\ln Y = \ln A + \alpha \ln K + \beta \ln H_{r} + \gamma \ln H_{c} + \mu \qquad (2)$$

将方程（2）变换为差分方程的形式:

$$\frac{\Delta Y_t}{Y_t} = \frac{\Delta A_t}{A_t} + \alpha \frac{\Delta K_t}{K_t} + \beta \frac{\Delta H_{rt}}{H_{rt}} + \gamma \frac{\Delta H_{ct}}{H_{ct}} \qquad (3)$$

方程（3）从左至右各项分别为：经济增长率（$\frac{\Delta Y_t}{Y_t}$）、综合要素生产率增长率（$\frac{\Delta A_t}{A_t}$）、物质

资本存量增长率（$\frac{\Delta K_t}{K_t}$）、基础人力资本增长率（$\frac{\Delta H_{rt}}{H_{rt}}$）和人才资本增长率（$\frac{\Delta H_{ct}}{H_{ct}}$），而 $\alpha\frac{\Delta K_t}{K_t}$、$\beta\frac{\Delta H_{rt}}{H_{rt}}$、$\gamma\frac{\Delta H_{ct}}{H_{ct}}$ 则分别表示物质资本、基础人力资本及人才资本对经济增长的贡献份额，它们分别除以 $\frac{\Delta Y_t}{Y_t}$ 所得的商，就是各自对经济增长的贡献率。

二、人才队伍建设

（一）党政人才资源

简要说明

一、主要内容

本篇资料反映2012年度全国、各省区市和中央单位党政人才资源基本情况，主要包括：党政人才资源的总体规模和地区分布情况，性别、民族、政治面貌、年龄、学历、职级构成情况，以及晋升情况等。

二、统计范围与对象

党政人才资源的统计范围为列入公务员法实施范围的中国共产党各级机关、各级人民代表大会及其常务委员会机关、各级行政机关、中国人民政治协商会议各级委员会机关、各级审判机关、各级检察机关、各民主党派和工商联的各级机关的公务员、试用期人员，以及参照公务员法管理的人民团体和群众团体机关工作人员和试用期人员。

三、报告期

本篇资料中，时点指标统计截止时间为2012年12月31日，包括党政人才资源的总体规模、分布、构成情况等；时期指标统计起止时间为2012年1月1日至12月31日，包括晋升情况等。

四、资料来源及调查方法

本篇资料由中共中央组织部整理提供，来源于中共中央组织部、国家公务员局的公务员统计报表制度。公务员统计报表制度采用全面调查方法，由各级党委组织部门和政府人力资源和社会保障部门、公务员局分工实施、逐级上报，各级党委组织部门负责牵头汇总。其中，中国共产党各级机关、各级人民代表大会及其常务委员会机关、中国人民政治协商会议各级委员会机关、各级审判机关、各级检察机关、各民主党派和工商联的各级机关，以及参照公务员法管理的人民团体和群众团体机关数据由各级党委组织部门调查整理，各级行政机关数据由各级政府人力资源和社会保障厅（局）、公务员局调查整理。

2-1-1　党政人才资源总体情况

项　　目	人数(人)	占比(%)
一、规模		
党政人才总数	**7209248**	**100.0**
公务员	7088626	98.3
参照公务员法管理的群团机关工作人员	120622	1.7
当年党政人才净增减数	69859	
二、结构		
#女性	1735486	24.1
#少数民族	738629	10.2
#中共党员	5978598	82.9
按学历分组		
研究生	398938	5.5
大学本科	4000009	55.5
大学专科	2321177	32.2
中专及以下	489124	6.8
按年龄分组		
35岁及以下	1863699	25.9
36－40岁	1174219	16.3
41－45岁	1305757	18.1
46－50岁	1526526	21.2
51－54岁	667136	9.3
55岁及以上	671911	9.3
按职务层次分组		
县处级及以上	792843	11.0
乡科级及以下	5601573	77.7
已进行职务套改的行政执法类人员	814832	11.3
三、晋升		
晋升职务人员总数	**380600**	**100.0**
#女性	98360	25.8
#少数民族	40897	10.7
#中共党员	328303	86.3
#35岁及以下	121643	32.0
按学历分组		
研究生	33723	8.9
大学本科	252746	66.4
大学专科	86256	22.7
中专及以下	7875	2.1
公开选拔人数	13443	
竞争上岗人数	79896	

2-1-2 各地区党政人才资源性别、民族、政治面貌结构情况

单位：人

地区	总数	女	少数民族	中共党员	比上年净增
全国总计	**7209248**	**1735486**	**738629**	**5978598**	**69859**
北京	149815	44611	8076	128885	3116
天津	84419	18996	2658	69889	1723
河北	316659	73055	19735	282048	2889
山西	190475	47010	640	159201	570
内蒙古	172910	46945	55258	140825	1510
辽宁	273263	63681	39022	232980	2101
吉林	148695	33888	17085	122490	-2376
黑龙江	230691	58482	10521	191558	-2789
上海	118827	30608	1096	88662	732
江苏	336804	65697	2347	293521	3842
浙江	265596	59255	1865	224941	4532
安徽	231420	47982	2829	197111	2321
福建	179553	36141	2563	148360	-234
江西	203776	38469	970	169842	-929
山东	364120	76879	2623	330173	-874
河南	339359	74871	6497	294284	-7188
湖北	269767	59090	17033	240684	2897
湖南	288314	64163	36426	245492	673
广东	489511	106023	6862	417597	6567
广西	212251	51872	86218	173619	2737
海南	48767	11003	6253	38804	1068
重庆	144731	35249	11947	115093	4519
四川	402935	108439	39340	325101	5738
贵州	180793	43707	72430	139681	2770
云南	287822	83926	93974	216018	7729
西藏	64426	21221	41203	43957	12999
陕西	209041	46995	1445	172770	3933
甘肃	137697	31070	13915	117391	1688
青海	46773	13570	19455	37133	701
宁夏	37301	9760	10102	30990	839
新疆	174143	50290	67739	126675	1222
其他	608594	182538	40502	462823	4833

注：“其他”主要包括中央和国家机关各部委等。本篇章下表同。

2-1-3 各地区党政人才资源学历结构情况

单位：人

地区	总数	研究生	大学本科	大学专科	中专及以下
全国总计	**7209248**	**398938**	**4000009**	**2321177**	**489124**
北京	149815	22098	101519	24485	1713
天津	84419	7274	53458	20829	2858
河北	316659	12066	162596	112875	29122
山西	190475	4791	94848	73437	17399
内蒙古	172910	7347	91669	62441	11453
辽宁	273263	24890	160333	82327	5713
吉林	148695	10938	78565	46912	12280
黑龙江	230691	11004	135258	74152	10277
上海	118827	11775	70152	29429	7471
江苏	336804	25355	207744	86829	16876
浙江	265596	14528	173747	64938	12383
安徽	231420	13550	127431	76141	14298
福建	179553	6797	105255	52237	15264
江西	203776	8227	99090	79050	17409
山东	364120	18952	232486	91460	21222
河南	339359	13055	169155	125333	31816
湖北	269767	14714	137366	95312	22375
湖南	288314	9882	147110	103604	27718
广东	489511	27473	267070	159977	34991
广西	212251	14071	113513	70989	13678
海南	48767	2625	25469	16310	4363
重庆	144731	14916	87126	37641	5048
四川	402935	16380	212244	141176	33135
贵州	180793	5314	94477	69156	11846
云南	287822	8988	171252	87312	20270
西藏	64426	1673	28857	24067	9829
陕西	209041	12255	107391	70514	18881
甘肃	137697	5672	73003	47742	11280
青海	46773	1924	24790	15976	4083
宁夏	37301	1933	23529	10056	1783
新疆	174143	4976	84436	73990	10741
其他	608594	43495	339070	194480	31549

2-1-4 各地区党政人才资源年龄结构情况

单位：人

地　区	总数	35岁及以下	36-40岁	41-45岁	46-50岁	51-54岁	55岁及以上
全国总计	**7209248**	**1863699**	**1174219**	**1305757**	**1526526**	**667136**	**671911**
北　京	149815	50012	22195	24981	29718	14066	8843
天　津	84419	24189	12434	13233	16006	8709	9848
河　北	316659	66555	62209	57623	66942	30774	32556
山　西	190475	37753	31377	38680	42262	21060	19343
内蒙古	172910	29567	27799	35751	41733	22653	15407
辽　宁	273263	58488	38657	46895	60924	31313	36986
吉　林	148695	26618	23141	28039	32377	19441	19079
黑龙江	230691	43924	38581	43816	50957	28452	24961
上　海	118827	39727	14829	17371	19473	13074	14353
江　苏	336804	92497	50639	54076	70561	31044	37987
浙　江	265596	81479	39322	42510	52271	26858	23156
安　徽	231420	54918	36060	42673	54040	19051	24678
福　建	179553	49539	26449	32091	39857	16782	14835
江　西	203776	55212	29300	36476	41393	19336	22059
山　东	364120	86547	64060	64842	73563	31554	43554
河　南	339359	71297	63439	70599	70782	31221	32021
湖　北	269767	51653	40428	52250	65439	28176	31821
湖　南	288314	70532	51172	52801	58419	27277	28113
广　东	489511	140713	92985	91275	87472	38367	38699
广　西	212251	58034	32846	36336	49267	17995	17773
海　南	48767	13094	7282	8987	10059	4696	4649
重　庆	144731	48525	20823	23523	30735	8963	12162
四　川	402935	112589	63112	71565	90426	30565	34678
贵　州	180793	49098	29437	31174	39898	16789	14397
云　南	287822	96183	48406	51652	56399	21084	14098
西　藏	64426	43143	7693	5626	4646	1974	1344
陕　西	209041	53542	37131	39153	41694	21952	15569
甘　肃	137697	33316	26436	26545	29192	11092	11116
青　海	46773	11427	8383	9647	10880	3661	2775
宁　夏	37301	8824	5936	7162	8763	3140	3476
新　疆	174143	65625	32657	30675	27296	10591	7299
其　他	608594	139079	89001	117730	153082	55426	54276

主要统计指标解释

中共党员 指中国共产党的正式党员和预备党员。

中共党员同时又是共青团员的，按“中共党员”统计。

学历 指在教育机构中接受科学、文化知识训练的学习经历，以经教育行政部门批准、有国家认可的文凭颁发权力的学校及其它教育机构所颁发的毕业学历证书为凭证。

获得两个及以上不同学历的，按最高学历统计。

获得两个及以上同等学历的，仍统计在对应的同等学历栏。

在校学习及参加不脱产的夜校、业余学校、函授、自学考试等成人教育学习尚未获得新的学历的，按原有学历统计。

获得高中、中等技工学历的，统计在“中专及以下”栏。

获得硕士及以上学位而未获得研究生学历的，按原有学历统计。

1970 年至 1976 年入学的大学普通班毕业生，统计在“大学专科”栏。

年龄 指至统计截止时间的实足年龄（周岁）。

晋升职务 指在报告期内，经任免机关任命，按照职务序列由低向高的变动。

非领导职务转任同级领导职务或提高政治、生活待遇的不作晋升职务统计。

晋升职务人员的政治面貌、学历、年龄等情况，按晋升职务时的情况统计。

在报告期内，晋升两次以上职务的，按最后一次晋升的职务统计。

副地厅司局级单位的处长（正处级）提拔担任该单位副职（正处级），按晋升统计，副处长（副处级）提拔担任该单位的处长（正处级）按逐级晋升统计，提拔担任该单位副职（正处级）按越级晋升统计。其余的情况类推。

公开选拔 指根据《党政领导干部选拔任用工作条例》和《公开选拔党政领导干部工作暂行规定》，由党委（党组）及其组织（人事）部门面向社会采取公开报名、考试与考察相结合的办法，选拔的党政领导干部。

竞争上岗 指根据《党政领导干部选拔任用工作条例》和《党政机关竞争上岗工作暂行规定》，在本单位或者系统内部，通过公开报名、考试答辩、群众评议、组织考察，产生竞争职位人选，然后按规定的程序和干部管理权限择优任用的公务员。

这里所指“系统内部”，一般按管理体制和管理权限确定。如：县公安局及其所辖的公安分局、派出所、交巡警大队、刑警大队等机构，就构成了一个相对的“系统”；同样，省交通厅及其下属的海事局、航道局、交通规划设计院等机构，也构成了一个“系统”。

二、人才队伍建设

（二）公有制经济领域企业经营管理人才资源

简要说明

一、主要内容

本篇资料反映2012年度全国公有制经济领域企业经营管理人才资源的基本情况，主要包括：企业经营管理人才资源的总体规模、经济类型、行业及地区分布，性别、民族、年龄、学历构成情况，以及选聘、培训等情况。

二、统计范围与对象

统计范围为我国境内各类国有（集体）独资、国有（集体）控股和国有（集体）控制企业中从事经营管理工作的人员。

三、报告期

本篇资料中，时点指标统计截止时间为2012年12月31日，包括企业经营管理人才资源规模、分布、构成、选聘情况等；时期指标统计起止时间为2012年1月1日至12月31日，包括培训情况等。

四、资料来源及调查方法

本篇资料中所有数据由人力资源和社会保障部根据公有制经济企业经营管理人员及专业技术人员统计调查数据整理提供。

2-2-1　公有制经济领域企业经营管理人才资源总体情况(一)

项　　目	人　数(人)	占　比(%)
一、规模		
总数	**5759164**	**100.0**
二、结构		
#女性	1721430	29.9
#少数民族	246315	4.3
#中共党员	3179120	55.2
按学历分组		
研究生	323810	5.6
大学本科	2465957	42.8
大学专科	1871127	32.5
中专及以下	1098270	19.1
按年龄分组		
35岁及以下	1816429	31.5
36-40岁	1033387	17.9
41-45岁	1092084	19.0
46-50岁	1014224	17.6
51-54岁	447431	7.8
55岁及以上	355609	6.2

2-2-2 公有制经济领域企业经营管理人才资源总体情况(二)

项　　目	人　数(人)	占　比(%)
按行业分组		
农、林、牧、渔业	169938	3.0
采矿业	703068	12.2
制造业	1199517	20.8
电力、热力、燃气及水的生产和供应业	501011	8.7
建筑业	697447	12.1
批发和零售业	471921	8.2
交通运输、仓储和邮政业	711229	12.3
住宿和餐饮业	46076	0.8
信息传输、软件和信息技术服务业	253260	4.4
金融业	571868	9.9
房地产业	111354	1.9
租赁与商务服务业	61382	1.1
科学研究和技术服务业	78639	1.4
水利、环境和公共设施管理业	39110	0.7
居民服务、修理和其他服务业	54329	0.9
教育	7820	0.1
卫生和社会工作	11135	0.2
文化、体育和娱乐业	49925	0.9
公共管理、社会保障和社会组织	20061	0.3
国际组织	74	0.0

2-2-3 公有制经济领域企业经营管理人才资源总体情况(三)

项　　目	人　数(人)	占　比(%)
三、岗位类型		
出资人代表	90913	1.6
经营管理人员	5639370	97.9
党群工作者	28881	0.5
四、层次		
中央企业	3347713	58.1
省区市企业	1445035	25.1
市地州盟企业	685355	11.9
县市区旗企业	261198	4.5
乡镇企业	19863	0.3
五、选聘情况		
按选聘方式分组		
委任和直接聘任	3763246	65.3
选任	405582	7.0
市场化方式选聘	1590336	27.6
按在现岗位任职年限分组		
在现岗位不满3年	2457622	42.7
在现岗位3-5年	1277655	22.2
在现岗位5-7年	799323	13.9
在现岗位7年以上	1224564	21.3
六、培训情况		
当年培训总人数(人)	**3137835**	**100.0**
当年培训总人次(人次)	**10424237**	**100.0**
工商管理培训	1299371	12.5
适应性短期培训	8878824	85.2
学历学位教育	246042	2.4

2-2-4 各地区公有制经济领域企业经营管理人才资源岗位类型情况

单位：人

地　　区	总数	出资人代表	经营管理人员	党群工作者
全国总计	**5759164**	**90913**	**5639370**	**28881**
北　京	151983	10982	140586	415
天　津	42813	1398	41281	134
河　北	65657	1556	63761	340
山　西	212025	2991	208460	574
内蒙古	36349	288	35890	171
辽　宁	91063	1427	88798	838
吉　林	23736	672	22855	209
黑龙江	111434	1387	109302	745
上　海	165650	2563	162505	582
江　苏	78277	1240	76655	382
浙　江	60322	1656	58493	173
安　徽	68064	1007	60871	6186
福　建	70395	866	69343	186
江　西	51002	705	50066	231
山　东	166200	2998	162441	761
河　南	97754	1771	95618	365
湖　北	45512	876	44489	147
湖　南	70276	1632	68404	240
广　东	183276	2636	180043	597
广　西	111892	849	110568	475
海　南	28179	342	27690	147
重　庆	72746	1056	71321	369
四　川	86670	1808	84495	367
贵　州	53724	1012	52443	269
云　南	54335	865	53104	366
西　藏	1385	154	1228	3
陕　西	122237	2039	119556	642
甘　肃	57572	708	56742	122
青　海	8872	206	8630	36
宁　夏	9033	146	8852	35
新　疆	13018	452	12511	55
其　他	3347713	42625	3292369	12719

注：“其他”包括中央企业和新疆生产建设兵团下属企业。本篇章下表同。

2-2-5 各地区公有制经济领域企业经营管理人才资源企业层次分布情况

单位：人

地区	总数	中央企业	省区市企业	市地州盟企业	县市区旗企业	乡镇企业
全国总计	**5759164**	**3347713**	**1445035**	**685355**	**261198**	**19863**
北京	151983		138069	13238	676	
天津	42813		40246	1276	1291	
河北	65657		33488	16478	14019	1672
山西	212025		151845	33719	26290	171
内蒙古	36349		29210	6542	597	
辽宁	91063		29275	53010	7231	1547
吉林	23736		15495	5093	2620	528
黑龙江	111434		66196	41582	3539	117
上海	165650		134711	30572	275	92
江苏	78277		29221	33804	14568	684
浙江	60322		22585	23551	14073	113
安徽	68064		41381	19444	6901	338
福建	70395		35708	27389	6935	363
江西	51002		25196	15766	9308	732
山东	166200		68526	61835	34455	1384
河南	97754		70966	13817	12853	118
湖北	45512		12238	22197	10405	672
湖南	70276		40602	15289	13828	557
广东	183276		55808	99754	23774	3940
广西	111892		34117	59734	14100	3941
海南	28179		21924	2444	3629	182
重庆	72746		67016	1556	4092	82
四川	86670		44144	29873	11957	696
贵州	53724		37631	9913	5929	251
云南	54335		46150	5203	2439	543
西藏	1385		862	352	165	6
陕西	122237		89069	22735	9619	814
甘肃	57572		43413	12672	1456	31
青海	8872		6714	1724	434	
宁夏	9033		8031	744	258	
新疆	13018		5198	4049	3482	289
其他	3347713	3347713				

2-2-6 各地区公有制经济领域企业经营管理人才资源性别、民族、政治面貌结构情况

单位：人

地区	总数	女	少数民族	中共党员
全国总计	**5759164**	**1721430**	**246315**	**3179120**
北京	151983	51190	6376	79034
天津	42813	13359	1194	22782
河北	65657	18393	1916	38538
山西	212025	57856	955	101094
内蒙古	36349	10513	4738	22276
辽宁	91063	28965	6715	53002
吉林	23736	6774	1006	14001
黑龙江	111434	33768	2725	65097
上海	165650	51077	1509	75364
江苏	78277	23008	701	39922
浙江	60322	18144	323	28932
安徽	68064	15856	752	44279
福建	70395	21987	703	31006
江西	51002	12354	208	27867
山东	166200	42000	2236	89076
河南	97754	23764	1253	55720
湖北	45512	14240	904	24024
湖南	70276	19344	2688	35348
广东	183276	53596	2208	88832
广西	111892	21459	17396	26385
海南	28179	5926	2155	16717
重庆	72746	25770	1808	33944
四川	86670	25006	1336	42621
贵州	53724	16109	8264	26675
云南	54335	15726	8393	25141
西藏	1385	384	806	871
陕西	122237	35535	893	61455
甘肃	57572	16337	2035	30190
青海	8872	2465	912	4506
宁夏	9033	2750	1369	4688
新疆	13018	3889	2789	7144
其他	3347713	1033886	159049	1962589

2-2-7　各行业公有制经济领域企业经营管理人才资源性别、民族、政治面貌结构情况

单位：人

行　　业	总　数	女	少数民族	中共党员
总　　计	**5759164**	**1721430**	**246315**	**3179120**
农、林、牧、渔业	169938	40935	11518	105976
采矿业	703068	170077	21607	453848
制造业	1199517	349559	42079	604408
电力、热力、燃气及水的生产和供应业	501011	141747	28729	296358
建筑业	697447	169122	25359	305381
批发和零售业	471921	158086	22161	238404
交通运输、仓储和邮政业	711229	207519	28441	457058
住宿和餐饮业	46076	17711	2032	22483
信息传输、软件和信息技术服务业	253260	90314	16605	135470
金融业	571868	225152	33154	352997
房地产业	111354	38857	3402	46741
租赁与商务服务业	61382	22022	1840	28705
科学研究和技术服务业	78639	25289	2420	43106
水利、环境和公共设施管理业	39110	11385	1373	18639
居民服务、修理和其他服务业	54329	19770	1604	21549
教育	7820	3043	185	4371
卫生和社会工作	11135	5258	374	5487
文化、体育和娱乐业	49925	18904	2247	24989
公共管理、社会保障和社会组织	20061	6663	1183	13102
国际组织	74	17	2	48

2-2-8 各地区公有制经济领域企业经营管理人才资源年龄结构情况

单位：人

地区	总数	35岁及以下	36-40岁	41-45岁	46-50岁	51-54岁	55岁及以上
全国总计	**5759164**	**1816429**	**1033387**	**1092084**	**1014224**	**447431**	**355609**
北京	151983	57871	19701	22134	24379	16148	11750
天津	42813	12439	4639	5444	7536	5081	7674
河北	65657	18267	12105	13041	12566	5375	4303
山西	212025	71394	38088	40324	35751	15719	10749
内蒙古	36349	8085	7250	9001	7956	2744	1313
辽宁	91063	25541	12856	16203	18200	10243	8020
吉林	23736	5955	3819	5125	4746	2693	1398
黑龙江	111434	30101	20666	23258	21289	10556	5564
上海	165650	61748	22157	21460	22895	18078	19312
江苏	78277	25231	12956	14727	13945	6376	5042
浙江	60322	22219	9510	10159	9589	4894	3951
安徽	68064	14732	14901	17618	9938	6945	3930
福建	70395	27047	12191	12097	10542	4506	4012
江西	51002	11234	10850	10502	10259	4672	3485
山东	166200	61670	30590	30886	25222	10711	7121
河南	97754	28150	19453	20870	18329	6987	3965
湖北	45512	13225	8898	9502	7627	3564	2696
湖南	70276	19727	14851	16055	11200	5512	2931
广东	183276	67740	31636	30447	26281	14221	12951
广西	111892	37138	19066	16997	16751	10941	10999
海南	28179	5136	3744	5282	7050	4371	2596
重庆	72746	26686	12634	13258	11889	4216	4063
四川	86670	31945	16317	15913	13180	5411	3904
贵州	53724	18138	12292	9848	7690	3453	2303
云南	54335	18472	11130	10692	8686	3202	2153
西藏	1385	277	419	323	214	92	60
陕西	122237	47016	20247	22095	18458	8707	5714
甘肃	57572	17721	11849	11626	9228	4275	2873
青海	8872	2436	1759	2112	1938	501	126
宁夏	9033	3169	1732	1869	1429	555	279
新疆	13018	2783	2930	3095	2561	1043	606
其他	3347713	1023136	612151	650121	616900	245639	199766

2-2-9 各行业公有制经济领域企业经营管理人才资源年龄结构情况

单位：人

行业	总数	35岁及以下	36-40岁	41-45岁	46-50岁	51-54岁	55岁及以上
总计	**5759164**	**1816429**	**1033387**	**1092084**	**1014224**	**447431**	**355609**
农、林、牧、渔业	169938	40252	30019	36989	36219	16948	9511
采矿业	703068	177225	126346	152589	149019	57382	40507
制造业	1199517	385827	214533	229564	206400	90792	72401
电力、热力、燃气及水的生产和供应业	501011	132944	103030	106866	91118	35768	31285
建筑业	697447	306574	110453	101410	92127	49453	37430
批发和零售业	471921	163773	80716	84420	75685	38344	28983
交通运输、仓储和邮政业	711229	193033	121290	123962	130719	66767	75458
住宿和餐饮业	46076	13423	8132	9088	7911	4255	3267
信息传输、软件和信息技术服务业	253260	93938	59756	45673	33492	11868	8533
金融业	571868	161403	105829	129165	118814	39602	17055
房地产业	111354	46386	20046	16908	13819	7354	6841
租赁与商务服务业	61382	21202	9422	9953	9783	5683	5339
科学研究和技术服务业	78639	23665	11877	13232	16879	7330	5656
水利、环境和公共设施管理业	39110	14353	7240	6620	5920	2687	2290
居民服务、修理和其他服务业	54329	16143	8598	9074	9713	5403	5398
教育	7820	1981	1249	1489	1718	765	618
卫生和社会工作	11135	3305	1999	2136	2178	944	573
文化、体育和娱乐业	49925	16222	8831	8896	8477	4163	3336
公共管理、社会保障和社会组织	20061	4764	3990	4043	4217	1920	1127
国际组织	74	16	31	7	16	3	1

2-2-10 各地区公有制经济领域企业经营管理人才资源学历结构情况

单位：人

地区	总数	研究生	大学本科	大学专科	中专及以下
全国总计	**5759164**	**323810**	**2465957**	**1871127**	**1098270**
北京	151983	12651	72806	43191	23335
天津	42813	1585	16273	13730	11225
河北	65657	2370	23586	23218	16483
山西	212025	4324	62387	79853	65461
内蒙古	36349	1184	9552	13538	12075
辽宁	91063	3238	33500	35474	18851
吉林	23736	767	7739	8417	6813
黑龙江	111434	1917	36100	44008	29409
上海	165650	11423	68062	51051	35114
江苏	78277	4362	30884	26893	16138
浙江	60322	2499	24681	20260	12882
安徽	68064	2322	21458	21030	23254
福建	70395	2275	29885	22077	16158
江西	51002	1290	14978	17516	17218
山东	166200	6432	64433	52655	42680
河南	97754	2658	31467	38021	25608
湖北	45512	1812	14182	16575	12943
湖南	70276	1278	20276	28032	20690
广东	183276	12147	73128	52085	45916
广西	111892	10566	34963	34732	31631
海南	28179	435	4213	8455	15076
重庆	72746	2753	25167	28368	16458
四川	86670	2763	29244	34277	20386
贵州	53724	699	17943	22170	12912
云南	54335	2094	18534	19641	14066
西藏	1385	47	290	384	664
陕西	122237	4678	39784	45996	31779
甘肃	57572	1141	17877	23950	14604
青海	8872	306	2424	3757	2385
宁夏	9033	295	2957	4104	1677
新疆	13018	356	3433	5567	3662
其他	3347713	221143	1613751	1032102	480717

2-2-11　各行业公有制经济领域企业经营管理人才资源学历结构情况

单位：人

行　业	总数	研究生	大学本科	大学专科	中专及以下
总　计	**5759164**	**323810**	**2465957**	**1871127**	**1098270**
农、林、牧、渔业	169938	3259	38676	64159	63844
采矿业	703068	24231	278500	241492	158845
制造业	1199517	64427	498462	396567	240061
电力、热力、燃气及水的生产和供应业	501011	36190	245163	149230	70428
建筑业	697447	18736	297377	237935	143399
批发和零售业	471921	25803	170785	157407	117926
交通运输、仓储和邮政业	711229	25113	285374	261457	139285
住宿和餐饮业	46076	1610	10975	16973	16518
信息传输、软件和信息技术服务业	253260	28407	139246	60007	25600
金融业	571868	54750	312637	157649	46832
房地产业	111354	10806	51070	31699	17779
租赁与商务服务业	61382	5042	22057	18713	15570
科学研究和技术服务业	78639	14237	43112	15081	6209
水利、环境和公共设施管理业	39110	2272	16580	12511	7747
居民服务、修理和其他服务业	54329	2260	18330	20892	12847
教育	7820	590	4248	2020	962
卫生和社会工作	11135	398	4740	3828	2169
文化、体育和娱乐业	49925	5063	21478	15630	7754
公共管理、社会保障和社会组织	20061	603	7121	7864	4473
国际组织	74	13	26	13	22

2-2-12 各地区公有制经济领域企业经营管理人才资源行业分布情况(一)

单位：人

地区	总数	农林牧渔业	采矿业	制造业	电力、热力、燃气及水的生产和供应业	建筑业	批发和零售业	交通运输、仓储和邮政业	住宿和餐饮业	信息传输、软件和信息技术服务业
全国总计	**5759164**	**169938**	**703068**	**1199517**	**501011**	**697447**	**471921**	**711229**	**46076**	**253260**
北京	151983	3002	3004	38203	10296	35660	14791	10623	3761	849
天津	42813	969	33	18309	2488	4720	4975	4391	458	80
河北	65657	2065	7613	19397	6109	6447	5916	9118	539	226
山西	212025	873	90702	28604	8862	25577	27872	10000	1582	740
内蒙古	36349	15155	259	9183	4568	173	174	6058	49	
辽宁	91063	1859	23236	30340	6640	4572	4132	13037	494	87
吉林	23736	5905	7779	1335	2354	600	1052	1956	62	
黑龙江	111434	37503	38561	7872	3280	11152	948	3779	97	63
上海	165650	1982	146	50202	3994	23725	17787	14968	2867	1215
江苏	78277	3904	3816	15032	9094	4001	8214	15114	2126	456
浙江	60322	770	628	12837	5224	3418	9902	11272	1427	134
安徽	68064	2502	13857	17663	2204	6345	9100	7873	728	253
福建	70395	1261	3073	7294	2702	6492	12010	8246	1248	631
江西	51002	3794	10152	10384	4131	4691	2591	4614	545	7
山东	166200	3401	43013	51488	11049	6033	15516	17135	3734	739
河南	97754	1401	44817	14148	5458	3528	5347	12234	1179	145
湖北	45512	3028	176	12269	3847	3796	7204	7931	503	157
湖南	70276	1068	6996	21038	2858	10332	8302	272	2958	1622
广东	183276	8548	1723	45651	11731	17448	20379	37320	3460	593
广西	111892	2267	2206	40049	9136	25854	5650	6647	811	1090
海南	28179	17783	156	990	892	1536	1427	1148	275	10
重庆	72746	1521	9360	13017	4217	11977	7514	12125	374	36
四川	86670	3409	11415	16602	7056	22757	4184	9826	867	608
贵州	53724	688	6621	17936	1243	5142	7417	2982	150	1173
云南	54335	12424	7673	11051	1022	12158	3892	714	1819	200
西藏	1385	39	109	124	107	205	214	170	228	6
陕西	122237	3415	38036	21809	6727	16518	6748	18803	1824	153
甘肃	57572	3358	9739	12298	1892	11501	1914	2723	335	14
青海	8872	123	1869	3131	375	1049	326	414	26	85
宁夏	9033	1075	404	460	1360	2820	19	235	134	
新疆	13018	2241	934	1711	1201	886	1578	1441	610	122
其他	3347713	22605	314962	649090	358894	406334	254826	458060	10806	241766

2-2-13 各地区公有制经济领域企业经营管理人才资源行业分布情况(二)

单位：人

地区	总数	金融业	房地产业	租赁和商务服务业	科学研究和技术服务业	水利环境和公共设施管理业	居民服务、修理和其他服务业	教育	卫生和社会工作	文化、体育和娱乐业	公共管理、社会保障和社会组织	国际组织
全国总计	**5759164**	**571868**	**111354**	**61382**	**78639**	**39110**	**54329**	**7820**	**11135**	**49925**	**20061**	**74**
北　京	151983	3562	11291	3939	1909	1622	4706	831	1244	2690		
天　津	42813	1010	2496	1226	410	342	457	48	60	268	73	
河　北	65657	1981	363	706	161	821	978	44	233	1424	1516	
山　西	212025	6405	1610	2202	831	1779	1385	584	1149	1268		
内蒙古	36349	273	31	126		271	11			18		
辽　宁	91063	1103	1115	518	318	720	1010	207	186	815	671	3
吉　林	23736	307	28	168	8	364	101	4	64	1307	342	
黑龙江	111434	1035	2676	218	25	473	444	583	1018	356	1351	
上　海	165650	8819	13580	11185	3241	4571	3753	379	606	2630		
江　苏	78277	4360	2396	1657	196	1666	2724	141	407	2557	416	
浙　江	60322	3319	2927	1557	459	2294	1867	17	62	2208		
安　徽	68064	1695	1618	721	766	403	673		112	1551		
福　建	70395	18123	3931	1717	372	672	931	35	19	1411	227	
江　西	51002	5206	496	1027	270	751	658		91	1593		1
山　东	166200	4640	1733	2004	272	1739	2080	53	36	1526	9	
河　南	97754	890	541	677	936	412	613	1414	1586	1762	661	5
湖　北	45512	544	2511	1265	397	737	197	28	24	618	260	20
湖　南	70276	10003	1745	514	8	667	244			1649		
广　东	183276	10199	8500	5585	1380	1905	3440	532	319	2576	1987	
广　西	111892	698	1048	1401	428	473	12650		48	279	1157	
海　南	28179	1011	847	390	88	277	291		3	220	835	
重　庆	72746	4216	1585	1717	914	2772	288	171	295	350	297	
四　川	86670	1918	2147	1538	566	698	390	125	235	1723	606	
贵　州	53724	5665	577	1632	59	494	861	39	467	578		
云　南	54335	206	711	402	322	181	183	242	113	972	28	22
西　藏	1385	78	1	86		4	12			2		
陕　西	122237	782	973	899	1031	1187	1080	42	185	1449	576	
甘　肃	57572	10715	247	389	326	317	468	131	67	890	248	
青　海	8872	104	139	113	145	296	51			189	437	
宁　夏	9033	1197	155	18	166	193	33			750	14	
新　疆	13018	338	361	331	135	362	424	10	67	266		
其　他	3347713	461466	42975	15454	62500	9647	11326	2160	2439	14030	8350	23

2-2-14 各地区公有制经济领域企业经营管理人才资源所属企业类型情况

单位：人

地区	总数	#中央管理的大型集团公司	#其他大型企业	#中型企业
全国总计	**5759164**	**2451093**	**1957087**	**664208**
北京	151983		55844	39207
天津	42813		13388	18590
河北	65657		40365	12870
山西	212025		121366	53921
内蒙古	36349		30904	4176
辽宁	91063		68291	11761
吉林	23736		16900	3722
黑龙江	111434		63334	16317
上海	165650		59832	45488
江苏	78277		40497	17379
浙江	60322		26296	14771
安徽	68064		68064	
福建	70395		24344	17345
江西	51002		23928	3691
山东	166200		114893	26587
河南	97754		77256	10271
湖北	45512		19553	11190
湖南	70276		38708	12678
广东	183276		94933	35053
广西	111892		55688	19826
海南	28179		20093	2636
重庆	72746		57815	7192
四川	86670		51884	19245
贵州	53724		34624	6468
云南	54335		41646	8177
西藏	1385		139	696
陕西	122237		93908	14100
甘肃	57572		32578	6272
青海	8872		4790	2045
宁夏	9033		6635	1563
新疆	13018		2454	4784
其他	3347713	2451093	556137	216187

2-2-15　各地区公有制经济领域企业经营管理人才配置情况

单位：人

地　区	总数	选聘方式			在现岗位任职年限			
		委任和直接聘任	选任	市场化方式选聘	在现岗位不满3年	在现岗位3-5年	在现岗位5-7年	在现岗位7年以上
全国总计	**5759164**	**3763246**	**405582**	**1590336**	**2457622**	**1277655**	**799323**	**1224564**
北　京	151983	96984	10014	44985	53015	27601	20464	50903
天　津	42813	25286	4279	13248	34091	2272	2140	4310
河　北	65657	48465	8461	8731	18421	16239	9563	21434
山　西	212025	179212	10925	21888	72911	42356	29377	67381
内蒙古	36349	28356	2159	5834	10250	8133	6725	11241
辽　宁	91063	65202	8465	17396	21673	19586	14577	35227
吉　林	23736	18438	3085	2213	5334	7004	5456	5942
黑龙江	111434	98936	5690	6808	33279	27629	21077	29449
上　海	165650	97113	7747	60790	59060	30473	23099	53018
江　苏	78277	49243	8689	20345	27364	14947	11709	24257
浙　江	60322	33748	6807	19767	21983	11669	8004	18666
安　徽	68064	44657	8898	14509	25059	16639	9202	17164
福　建	70395	34089	3372	32934	24483	12794	9757	23361
江　西	51002	35233	5892	9877	17150	11156	8424	14272
山　东	166200	100870	17719	47611	52723	36569	30199	46709
河　南	97754	81270	7703	8781	36227	29418	14782	17327
湖　北	45512	19340	4921	21251	13785	10237	8035	13455
湖　南	70276	39698	14748	15830	19677	15596	12236	22767
广　东	183276	101588	17938	63750	65995	36102	26481	54698
广　西	111892	41970	22633	47289	46305	27511	17430	20646
海　南	28179	23572	712	3895	9692	8255	3395	6837
重　庆	72746	40395	9703	22648	29424	19037	8758	15527
四　川	86670	58381	10915	17374	31218	19155	13097	23200
贵　州	53724	33831	7725	12168	15468	18904	8188	11164
云　南	54335	36795	6555	10985	17850	13160	10467	12858
西　藏	1385	975	363	47	185	351	384	465
陕　西	122237	88237	17394	16606	43564	32233	19084	27356
甘　肃	57572	43869	2923	10780	21539	12990	8816	14227
青　海	8872	6548	1078	1246	2848	2886	1207	1931
宁　夏	9033	5468	1138	2427	3148	3895	1075	915
新　疆	13018	7947	2071	3000	4276	3384	1891	3467
其　他	3347713	2177530	164860	1005323	1619625	739474	434224	554390

2-2-16 各地区公有制经济领域企业经营管理人才资源培训情况

地 区	当年培训总人数（人）	当年培训总人次（人次）	工商管理培训	适应性短期培训	学历学位教育
全国总计	**3137835**	**10424237**	**1299371**	**8878824**	**246042**
北 京	87136	232577	37682	188234	6661
天 津	16331	38682	5937	31788	957
河 北	20920	42581	7534	33330	1717
山 西	78442	164781	24528	132027	8226
内蒙古	15824	24480	1117	22355	1008
辽 宁	36323	103367	32024	68708	2635
吉 林	3665	6260	810	5060	390
黑龙江	41932	100365	2547	90323	7495
上 海	88205	226478	29452	191421	5605
江 苏	37164	90327	10479	76263	3585
浙 江	29355	71389	12247	57090	2052
安 徽	25186	41246	6383	28807	6056
福 建	32704	79138	14019	62525	2594
江 西	16503	44110	4766	37431	1913
山 东	69762	153899	30168	115621	8110
河 南	43395	57252	22926	31566	2760
湖 北	21391	50807	6133	41959	2715
湖 南	30635	52993	11156	39834	2003
广 东	98648	380833	48499	288720	43614
广 西	40759	170926	52727	111024	7175
海 南	5858	11829	776	9911	1142
重 庆	39051	120774	11839	102858	6077
四 川	46321	92747	8515	79820	4412
贵 州	17479	30143	8172	16906	5065
云 南	23093	68491	4195	62694	1602
西 藏	340	377	14	347	16
陕 西	59985	120535	11273	102629	6633
甘 肃	24173	42339	2160	38284	1895
青 海	2196	3837	700	2955	182
宁 夏	5536	14071	2203	11098	770
新 疆	4560	12508	1408	10456	644
其 他	2074963	7774095	886982	6786780	100333

主要统计指标解释

出资人代表 指出资者通过一定法律程序向所出资企业派出的，依法行使出资者权力、维护出资者利益的董事、监事等。

经营管理人员 指具体从事经营管理活动的人员。包括各级经理人以及具体从事规划计划、人力资源、市场营销、资本运营、财务审计、生产管理、法律事务、质量安全环保、行政管理等业务工作的人员。

党群工作者 指企业中主要从事党务、纪检监察、工会、共青团、老干部、企业文化建设等工作的人员。

委任和直接聘任 指企业配置使用人才过程中，由组织人事部门直接选拔，党委（党组）讨论决定任用的人才使用方式。

选任 指企业配置使用人才过程中，通过依法民主选举的方式产生人选，并经组织审定的人才使用方式，如：党委成员、工会主席等。

市场化方式选聘 指企业配置使用人才过程中，通过内部竞争上岗、公开招聘、人才市场选聘方式，经考察了解，并经党委（党组）讨论决定任用的人才使用方式。

在现岗位任职年限 指企业经营管理人才在当前岗位的任职时间。

培训类型 指出资人代表、经营管理人员、党群工作者接受培训的类型，一般包括工商管理培训、适应性短期培训及学历、学位教育等。

层次 按照公有制企业的隶属关系，划分为中央、省区市、市地州盟、县市区旗、乡镇五个层次。

中央管理的大型集团公司 指公司领导班子由中央或国务院管理，由国资委、银监会或其他中央部门代为履行出资人义务的大型企业集团。

企业规模：依据《统计上大中小型企业划分办法（暂行）》相关规定填写。

行业名称	指标名称	计算单位	大型	中型	小型
工业企业	从业人员数 销售额 资产总额	人 万元 万元	2000 及以上 30000 及以上 40000 及以上	300–2000 以下 3000–30000 以下 4000–40000 以下	300 以下 3000 以下 4000 以下
建筑业企业	从业人员数 销售额 资产总额	人 万元 万元	3000 及以上 30000 及以上 40000 及以上	600–3000 以下 3000–30000 以下 4000–40000 以下	600 以下 3000 以下 4000 以下
批发业企业	从业人员数 销售额	人 万元	200 及以上 30000 及以上	100–200 以下 3000–30000 以下	100 以下 3000 以下
零售业企业	从业人员数 销售额	人 万元	500 及以上 15000 及以上	100–500 以下 1000–15000 以下	100 以下 1000 以下
交通运输业企业	从业人员数 销售额	人 万元	3000 及以上 30000 及以上	500–3000 以下 3000–30000 以下	500 以下 3000 以下
邮政业企业	从业人员数 销售额	人 万元	1000 及以上 30000 及以上	400–1000 以下 3000–30000 以下	400 以下 3000 以下
住宿和餐馆业企业	从业人员数 销售额	人 万元	800 及以上 15000 及以上	400–800 以下 3000–15000 以下	400 以下 3000 以下

二、人才队伍建设

（三）公有制经济领域专业技术人才资源

简要说明

一、主要内容

本篇资料反映2012年度全国公有制经济领域专业技术人才资源基本情况，主要包括：专业技术人才资源的总体规模、经济类型、行业及地区分布，性别、民族、年龄、学历构成情况，以及继续教育情况。

二、统计范围与对象

专业技术人才资源的统计范围为我国境内各类国有（集体）独资、国有（集体）控股、国有（集体）控制企业和事业单位中从事专业技术工作的人员。此资料中的专业技术人才包含事业单位管理人员。

三、报告期

本篇资料中，时点指标统计截止时间为2012年12月31日，包括专业技术人才资源规模、分布、构成情况等；时期指标统计起止时间为2012年1月1日至12月31日，包括继续教育情况等。

四、资料来源及调查方法

本篇资料中所有数据由人力资源和社会保障部根据公有制经济企业经营管理人员及专业技术人员统计和事业单位管理人员及专业技术人员统计调查数据整理提供。

2-3-1 公有制经济领域专业技术人才资源总体情况(一)

项　　目	人　数(人)	占　比(%)
一、规模		
总数	**33809307**	**100.0**
#在管理岗位工作	4131269	12.2
二、结构		
#女性	14887393	44.0
#少数民族	2634544	7.8
#中共党员	13247561	39.2
按学历分组		
研究生	2002282	5.9
大学本科	15567461	46.0
大学专科	11246948	33.3
中专	3680929	10.9
高中及以下	1311687	3.9
按年龄分组		
35岁及以下	12634002	37.4
36-40岁	6322396	18.7
41-45岁	5723562	16.9
46-50岁	5009703	14.8
51-54岁	2294973	6.8
55岁及以上	1824671	5.4
按专业技术职称分组		
正高级专业技术职称(职务)	320319	0.9
副高级专业技术职称(职务)	3147886	9.3
中级专业技术职称(职务)	11186262	33.1
初级专业技术职称(职务)	12541719	37.1
其他人员	6613121	19.6

注："其他人员"包括没有评聘专业技术职务的专业技术人员和事业单位管理人员等。

2-3-2 公有制经济领域专业技术人才资源总体情况(二)

项　目	人　数(人)	占　比(%)
按行业分组		
农、林、牧、渔业	1440022	4.3
采矿业	949720	2.8
制造业	1875690	5.5
电力、热力、燃气及水的生产和供应业	699196	2.1
建筑业	1236006	3.7
批发和零售业	371050	1.1
交通运输、仓储和邮政业	1129566	3.3
住宿和餐饮业	56648	0.2
信息传输、软件和信息技术服务业	563159	1.7
金融业	2123731	6.3
房地产业	184468	0.5
租赁与商务服务业	85305	0.3
科学研究和技术服务业	1174342	3.5
水利、环境和公共设施管理业	727309	2.2
居民服务、修理和其他服务业	180100	0.5
教育	13453500	39.8
卫生和社会工作	4179690	12.4
文化、体育和娱乐业	807434	2.4
公共管理、社会保障和社会组织	2571977	7.6
国际组织	394	0.0

2-3-3　公有制经济领域专业技术人才资源总体情况(三)

项　　目	人　数(人)	占　比(%)
三、机构		
事业单位	24573427	72.7
企业	9235880	27.3
四、层次		
中央单位	7109247	21.0
省区市单位	4414692	13.1
市地州盟单位	5169108	15.3
县市区旗单位	11261661	33.3
乡镇单位	5854599	17.3
五、专业技术类别		
工程技术人员	5950025	17.6
农业技术人员	711841	2.1
科学研究人员	416231	1.2
卫生技术人员	4144889	12.3
教学人员	12651248	37.4
其他人员	9935073	29.4
六、继续教育情况		
总人次	**45238512**	**100.0**
培训	43343910	95.8
学历学位教育	1894602	4.2

注:“其他人员”指除工程技术人员、农业技术人员、科学研究人员、卫生技术人员、教学人员之外的专业技术人员和事业单位管理人员。

2-3-4 各地区公有制经济领域专业技术人才资源单位性质分类情况

单位：人

地　区	总数	在管理岗位工作	事业单位	在管理岗位工作	企业	在管理岗位工作
全国总计	**33809307**	**4131269**	**24573427**	**612650**	**9235880**	**3518619**
北　京	560986	104553	375401	12504	185585	92049
天　津	347922	46415	266839	19673	81083	26742
河　北	1348782	61331	1227069	22508	121713	38823
山　西	1030965	133682	804924	16288	226041	117394
内蒙古	683794	35716	640509	12695	43285	23021
辽　宁	965334	72592	847778	9289	117556	63303
吉　林	709945	24902	670059	9552	39886	15350
黑龙江	854113	87937	720555	15892	133558	72045
上　海	699376	102077	363549	13842	335827	88235
江　苏	1317470	82859	1200014	36009	117456	46850
浙　江	1047460	65972	927243	31333	120217	34639
安　徽	931044	65079	834121	16364	96923	48715
福　建	701013	58024	614631	20447	86382	37577
江　西	844847	33568	773127	8124	71720	25444
山　东	2144647	135017	1846863	36685	297784	98332
河　南	1650030	60975	1536776	12973	113254	48002
湖　北	986502	54294	927299	30106	59203	24188
湖　南	1184368	81676	1075156	36541	109212	45135
广　东	1652769	153683	1430510	56178	222259	97505
广　西	876973	51401	752534	11492	124439	39909
海　南	175552	13594	157859	3419	17693	10175
重　庆	544359	47404	455585	6158	88774	41246
四　川	1284564	67210	1177859	16166	106705	51044
贵　州	705184	39767	641966	6824	63218	32943
云　南	864827	38915	774554	6419	90273	32496
西　藏	70642	2717	69907	2399	735	318
陕　西	943389	73877	792613	6259	150776	67618
甘　肃	683256	48532	614355	14053	68901	34479
青　海	142540	7222	128410	1773	14130	5449
宁　夏	142746	10895	128201	5755	14545	5140
新　疆	604661	16457	580275	9932	24386	6525
其　他	7109247	2252926	1216886	104998	5892361	2147928

注：“其他”包括中央企事业单位和新疆生产建设兵团下属企事业单位。本篇章下表同。

2-3-5 各地区公有制经济领域专业技术人才资源单位层次分布情况

单位：人

地 区	总数	中央	省区市	市地州盟	县市区旗	乡镇
全国总计	**33809307**	**7109247**	**4414692**	**5169108**	**11261661**	**5854599**
北 京	560986		287226	245412	21590	6758
天 津	347922		182552	122357	26096	16917
河 北	1348782		173641	206108	809704	159329
山 西	1030965		271197	169614	554170	35984
内蒙古	683794		83752	121365	365134	113543
辽 宁	965334		131862	275282	471706	86484
吉 林	709945		94550	130567	345420	139408
黑龙江	854113		189088	194904	362129	107992
上 海	699376		418188	269168	11040	980
江 苏	1317470		152078	246880	556305	362207
浙 江	1047460		121067	205044	574988	146361
安 徽	931044		144714	143586	446338	196406
福 建	701013		113505	128624	357793	101091
江 西	844847		116322	127430	295288	305807
山 东	2144647		224331	434471	982567	503278
河 南	1650030		174843	258903	814184	402100
湖 北	986502		69474	202349	457906	256773
湖 南	1184368		151202	175184	615014	242968
广 东	1652769		173597	405410	589889	483873
广 西	876973		101077	198963	244100	332833
海 南	175552		46059	21690	52449	55354
重 庆	544359		147381	168792	109754	118432
四 川	1284564		140061	209718	597315	337470
贵 州	705184		93208	62916	213608	335452
云 南	864827		145130	87576	328236	303885
西 藏	70642		12283	13317	25062	19980
陕 西	943389		191787	127869	484313	139420
甘 肃	683256		107166	87033	216282	272775
青 海	142540		39368	19404	56392	27376
宁 夏	142746		41014	26719	47984	27029
新 疆	604661		76969	82453	228905	216334
其 他	7109247	7109247				

2-3-6 各地区公有制经济领域专业技术人才资源性别、民族、政治面貌结构情况

单位：人

地 区	总数	女	少数民族	中共党员
全国总计	**33809307**	**14887393**	**2634544**	**13247561**
北 京	560986	305130	26463	245116
天 津	347922	187662	10294	127491
河 北	1348782	699448	69581	468774
山 西	1030965	489823	2981	333109
内蒙古	683794	331331	180948	255964
辽 宁	965334	509022	133503	434258
吉 林	709945	334619	59913	241387
黑龙江	854113	420987	29124	330646
上 海	699376	374350	11090	244120
江 苏	1317470	621494	6352	485549
浙 江	1047460	517908	8425	435365
安 徽	931044	363960	10773	380796
福 建	701013	320934	7544	242201
江 西	844847	318521	2703	274559
山 东	2144647	887151	18795	855797
河 南	1650030	767517	21688	563008
湖 北	986502	407847	48194	374436
湖 南	1184368	499056	137544	444991
广 东	1652769	825973	19903	626518
广 西	876973	411565	335480	302132
海 南	175552	75241	17887	57761
重 庆	544359	242090	39593	190444
四 川	1284564	576344	66233	473584
贵 州	705184	296269	273061	242014
云 南	864827	399796	233423	311496
西 藏	70642	36137	53919	31928
陕 西	943389	389534	4793	334203
甘 肃	683256	271788	57189	242270
青 海	142540	64904	40284	48481
宁 夏	142746	65878	34011	53387
新 疆	604661	350601	334423	213089
其 他	7109247	2524513	338430	3382687

2-3-7 各地区公有制经济领域专业技术人才资源年龄结构情况

单位：人

地 区	总数	35岁及以下	36-40岁	41-45岁	46-50岁	51-54岁	55岁及以上
全国总计	**33809307**	**12634002**	**6322396**	**5723562**	**5009703**	**2294973**	**1824671**
北 京	560986	244289	88039	89944	69642	38813	30259
天 津	347922	133166	53598	56947	46079	28711	29421
河 北	1348782	508713	276617	218710	187337	90112	67293
山 西	1030965	367555	196653	179973	159359	76871	50554
内蒙古	683794	207938	133376	132440	118885	59076	32079
辽 宁	965334	291851	174913	181391	163562	96095	57522
吉 林	709945	169313	168797	143355	122057	66748	39675
黑龙江	854113	243270	175470	164991	145663	79838	44881
上 海	699376	326467	105909	98888	78039	44937	45136
江 苏	1317470	501259	249458	212857	184322	84600	84974
浙 江	1047460	480920	182049	145061	123513	62904	53013
安 徽	931044	314357	176299	159451	140856	73009	67072
福 建	701013	283765	139476	112485	91040	40830	33417
江 西	844847	309444	157672	136205	123730	66494	51302
山 东	2144647	732269	437527	377182	317543	149853	130273
河 南	1650030	615231	340773	276147	211072	114239	92568
湖 北	986502	262641	201479	192312	165990	88964	75116
湖 南	1184368	383542	244387	207127	179749	86900	82663
广 东	1652769	673008	325995	272105	215155	91053	75453
广 西	876973	323197	172986	144907	128795	51368	55720
海 南	175552	60891	30848	30705	28184	13330	11594
重 庆	544359	205948	98749	92382	86146	27303	33831
四 川	1284564	461614	244775	216971	201929	75879	83396
贵 州	705184	306300	125937	100741	99783	38823	33600
云 南	864827	368124	166643	138622	115380	44706	31352
西 藏	70642	44055	11691	6863	4986	2063	984
陕 西	943389	347948	182893	163046	131076	70821	47605
甘 肃	683256	325293	115437	95226	82765	36014	28521
青 海	142540	52687	28091	27038	24100	7447	3177
宁 夏	142746	40765	28229	27813	26733	10271	8935
新 疆	604661	266767	126519	96418	71136	29656	14165
其 他	7109247	2781415	1161111	1225259	1165097	447245	329120

2-3-8 各地区公有制经济领域专业技术人才资源学历结构情况

单位：人

地 区	总数	研究生	大学本科	大学专科	中专	高中及以下
全国总计	**33809307**	**2002282**	**15567461**	**11246950**	**3680929**	**1311685**
北 京	560986	64883	319477	124320	35229	17077
天 津	347922	26970	183052	88410	36632	12858
河 北	1348782	43712	594439	497558	177618	35455
山 西	1030965	33179	429724	384259	145439	38364
内蒙古	683794	24117	305099	249646	74006	30926
辽 宁	965334	60940	467283	315560	89374	32177
吉 林	709945	25064	307352	235022	114287	28220
黑龙江	854113	33699	395418	292780	112486	19730
上 海	699376	67619	361732	189040	49970	31015
江 苏	1317470	85497	724900	339805	119908	47360
浙 江	1047460	61739	620075	261344	59778	44524
安 徽	931044	36600	387570	339018	148510	19346
福 建	701013	30156	328255	226468	95744	20390
江 西	844847	25307	316844	317859	143291	41546
山 东	2144647	108856	1106360	602263	244070	83098
河 南	1650030	59001	689005	638000	230535	33489
湖 北	986502	33943	399424	358150	143268	51717
湖 南	1184368	35244	475202	455341	166734	51847
广 东	1652769	90218	769225	558166	170171	64989
广 西	876973	33147	332937	346789	131290	32810
海 南	175552	5430	60456	67131	30662	11873
重 庆	544359	24992	260535	197217	40866	20749
四 川	1284564	39221	520316	521828	148464	54735
贵 州	705184	14967	274014	314118	81340	20745
云 南	864827	26347	384314	333320	93043	27803
西 藏	70642	2720	29190	29064	7596	2072
陕 西	943389	42240	371179	368710	122228	39032
甘 肃	683256	16897	303828	258082	76830	27619
青 海	142540	2967	62807	57063	13285	6418
宁 夏	142746	5445	68814	50434	14341	3712
新 疆	604661	13968	233945	255092	90150	11506
其 他	7109247	827197	3484690	1975093	473784	348483

2-3-9　各地区公有制经济领域专业技术人才资源职称结构情况

单位：人

地　区	总数	高级	正高级	中级	初级	其他人员
全国总计	**33809307**	**3468205**	**320319**	**11186262**	**12541719**	**6613121**
北　京	560986	59932	6084	164419	183257	153378
天　津	347922	57745	5090	128161	105418	56598
河　北	1348782	133566	14361	456110	539292	219814
山　西	1030965	71778	6153	330326	449893	178968
内蒙古	683794	90685	6153	207869	244778	140462
辽　宁	965334	151543	15065	368522	241616	203653
吉　林	709945	75662	7623	238826	268445	127012
黑龙江	854113	135812	13771	316641	280167	121493
上　海	699376	57112	6486	199836	204918	237510
江　苏	1317470	182138	16898	548829	399100	187403
浙　江	1047460	123067	11639	375473	357695	191225
安　徽	931044	88423	5097	345300	369074	128247
福　建	701013	70186	5988	227032	296778	107017
江　西	844847	83636	5663	276731	327020	157460
山　东	2144647	210651	15296	714876	814720	404400
河　南	1650030	149735	11737	565989	594411	339895
湖　北	986502	101646	6764	409512	294480	180864
湖　南	1184368	105490	8283	461224	403556	214098
广　东	1652769	139010	13705	656583	592590	264586
广　西	876973	47879	3801	351220	340955	136919
海　南	175552	12871	1303	49332	80040	33309
重　庆	544359	47074	3954	160041	226967	110277
四　川	1284564	117874	6639	417839	531231	217620
贵　州	705184	40831	2968	188644	329004	146705
云　南	864827	75651	5043	318629	385801	84746
西　藏	70642	2964	298	16736	41040	9902
陕　西	943389	70029	6030	256741	419671	196948
甘　肃	683256	41837	2674	173288	298755	169376
青　海	142540	17470	1462	47295	57361	20414
宁　夏	142746	18479	1917	48302	52930	23035
新　疆	604661	52611	3406	150187	294007	107856
其　他	7109247	834818	98968	2015749	2516749	1741931

2-3-10 各地区公有制经济领域专业技术人才资源专业技术类别情况

单位：人

地区	总数	工程技术人员	农业技术人员	科学研究人员	卫生技术人员	教学人员	其他人员
全国总计	**33809307**	**5950025**	**711841**	**416231**	**4144889**	**12651248**	**9935073**
北京	560986	112968	4600	6723	90446	160863	185386
天津	347922	70372	3147	3685	58164	121155	91399
河北	1348782	125941	26844	3160	174227	663141	355469
山西	1030965	162442	25613	4930	126525	424433	287022
内蒙古	683794	65166	31234	2883	92393	308157	183961
辽宁	965334	109896	24061	5572	125795	411286	288724
吉林	709945	78006	27355	5853	103407	300111	195213
黑龙江	854113	99522	38198	6911	132778	359907	216797
上海	699376	121503	3723	6237	131286	163863	272764
江苏	1317470	113999	26720	8564	218087	674838	275262
浙江	1047460	105749	16656	5072	214208	445195	260580
安徽	931044	86594	22070	3203	132328	479989	206860
福建	701013	71218	12617	7144	97324	367184	145526
江西	844847	73130	20010	3783	126083	421237	200604
山东	2144647	292281	53696	20293	301125	900622	576630
河南	1650030	134518	27112	6998	197290	840519	443593
湖北	986502	82174	17029	4316	183737	459632	239614
湖南	1184368	101869	26941	7109	195002	533238	320209
广东	1652769	151998	12256	5021	264976	861104	357414
广西	876973	133188	17838	3221	119690	423734	179302
海南	175552	7220	3687	639	28370	86903	48733
重庆	544359	52195	13173	1934	74566	252116	150375
四川	1284564	114989	43930	7344	196188	655414	266699
贵州	705184	54886	23646	1955	81156	382012	161529
云南	864827	107293	41241	3660	113264	480290	119079
西藏	70642	3399	4569	300	10996	37736	13642
陕西	943389	121741	32272	3538	126379	385451	274008
甘肃	683256	62887	28715	2262	79791	320197	189404
青海	142540	19768	7764	1608	22515	52058	38827
宁夏	142746	15566	8576	1130	17795	64515	35164
新疆	604661	47755	30422	2224	85615	288959	149686
其他	7109247	3049792	36126	268959	223383	325389	3205598

2-3-11 各地区公有制经济领域专业技术人才资源行业分布情况(一)

单位：人

地区	总数	农林牧渔业	采矿业	制造业	电力、热力、燃气及水的生产和供应业	建筑业	批发和零售业	交通运输、仓储和邮政业
全国总计	**33809307**	**1440022**	**949720**	**1875690**	**699196**	**1236006**	**371050**	**1129566**
北京	560986	12376	5738	55316	10344	44391	10203	12535
天津	347922	6856	281	39756	4744	13637	8147	7595
河北	1348782	51511	31866	42188	11153	22157	7967	38350
山西	1030965	46866	99562	36578	10707	29217	13152	20749
内蒙古	683794	67430	431	15058	11584	1349	180	17576
辽宁	965334	46098	24339	48423	9887	8218	3432	25257
吉林	709945	71810	10218	3509	4990	9989	928	11346
黑龙江	854113	135547	31252	11272	4147	19846	2472	16918
上海	699376	5558	183	63013	5638	25718	16918	19377
江苏	1317470	43019	5761	29750	14548	6626	8582	36073
浙江	1047460	28939	1129	21359	13156	14331	15080	36456
安徽	931044	35616	28801	33057	4631	13465	5401	15244
福建	701013	24100	4237	14097	4118	12650	5289	15666
江西	811847	46419	17958	16607	2480	6401	2690	17490
山东	2144647	102393	61792	109947	23614	30280	18023	79969
河南	1650030	60457	39806	29841	5722	15706	5105	39550
湖北	986502	48862	779	25588	5845	7616	7627	24657
湖南	1184368	57574	8042	29187	7645	18612	9972	22999
广东	1652769	35465	3042	50495	21559	35640	15637	44066
广西	876973	37998	2240	24105	6535	18378	2712	18127
海南	175552	15861	171	660	669	1880	480	3139
重庆	544359	23549	9010	20012	4959	12782	4853	12953
四川	1284564	71293	12304	23787	13687	29702	2749	18584
贵州	705184	39879	6286	22264	1847	10892	3509	10571
云南	864827	76919	25400	25414	5045	21141	1183	13083
西藏	70642	5201	43	62	203	220	119	1452
陕西	943389	81174	42545	45492	9208	27738	6117	18351
甘肃	683256	54298	13070	14580	4659	16859	1675	13216
青海	142540	11133	1669	6934	742	1723	126	2857
宁夏	142746	10951	878	625	3272	3598	165	3260
新疆	604661	48520	1571	3941	2251	6495	1312	10023
其他	7109247	36350	459316	1012773	469607	748749	189245	502077

2-3-12 各地区公有制经济领域专业技术人才资源行业分布情况(二)

单位：人

地 区	总数	住宿和餐饮业	信息传输、软件和信息技术服务业	金融业	房地产业	租赁和商务服务业	科学研究和技术服务业
全国总计	**33809307**	**56648**	**563159**	**2123731**	**184468**	**85305**	**1174342**
北 京	560986	2362	2707	11909	14105	2924	16368
天 津	347922	838	706	4057	6429	2477	11505
河 北	1348782	2527	2213	3724	7933	1764	20333
山 西	1030965	1308	2396	12719	1302	4044	23747
内蒙古	683794	202	2351	710	1135	1553	11042
辽 宁	965334	463	2944	7335	6141	1421	20138
吉 林	709945	1002	1936	553	3959	1344	22945
黑龙江	854113	557	2935	1862	6024	697	17831
上 海	699376	1897	5944	147817	12784	5994	31410
江 苏	1317470	1698	2192	14666	2842	6233	22074
浙 江	1047460	3435	2552	11500	6463	3293	19078
安 徽	931044	5868	2718	3108	4595	986	17771
福 建	701013	1039	7063	19520	5318	2934	13925
江 西	844847	637	1273	8078	4648	1901	24418
山 东	2144647	3625	13221	9597	6184	4677	40530
河 南	1650030	2271	2222	3332	8263	3013	28550
湖 北	986502	907	988	2103	6193	1494	18371
湖 南	1184368	3283	1886	30907	2820	2124	18776
广 东	1652769	3249	2761	28882	14377	6996	29743
广 西	876973	1149	2781	2877	2987	2732	15009
海 南	175552	98	370	759	754	502	1978
重 庆	544359	496	772	18628	3395	1168	9156
四 川	1284564	922	1733	2487	5305	1691	26276
贵 州	705184	247	1281	15447	890	1277	8942
云 南	864827	940	2513	1002	1715	838	14885
西 藏	70642	83	59	43	1	44	1255
陕 西	943389	1682	1327	6926	3618	1022	16461
甘 肃	683256	482	667	9105	1476	694	12633
青 海	142540	34	1005	164	542	55	5984
宁 夏	142746	19	303	3416	488	80	3755
新 疆	604661	1119	1271	970	911	450	12795
其 他	7109247	12209	488069	1739528	40871	18883	636658

2-3-13　各地区公有制经济领域专业技术人才资源行业分布情况(三)

单位：人

地　区	总数	水利环境和公共设施管理业	居民服务、修理和其他服务业	教育	卫生和社会工作	文化、体育和娱乐业	公共管理、社会保障和社会组织	国际组织
全国总计	**33809307**	**727309**	**180100**	**13453500**	**4179690**	**807434**	**2571977**	**394**
北　京	560986	15932	7123	181416	104035	20153	31049	
天　津	347922	12501	3126	135409	65066	10587	14205	
河　北	1348782	38641	6465	714692	191770	32351	121177	
山　西	1030965	29259	1662	452261	123040	27599	94797	
内蒙古	683794	22487	6792	320370	100960	24669	77910	5
辽　宁	965334	27489	3621	441548	134244	25924	128401	11
吉　林	709945	28789	4617	320836	119794	29184	62196	
黑龙江	854113	23506	2751	385410	121544	24521	44995	26
上　海	699376	15211	6415	177571	103525	27973	26430	
江　苏	1317470	42026	15807	710073	235786	39070	80644	
浙　江	1047460	27667	6766	470068	222003	37751	106434	
安　徽	931044	19143	3264	513992	137061	19575	66701	47
福　建	701013	10660	6439	379733	100537	18929	54759	
江　西	844847	16432	4419	441629	129727	18302	83338	
山　东	2144647	70014	15901	948903	304079	53254	248641	3
河　南	1650030	46670	7325	903763	223981	35085	189349	19
湖　北	986502	31250	2671	471394	190160	27610	112387	
湖　南	1184368	33800	12098	572949	204043	31441	116210	
广　东	1652769	28802	5742	912885	276152	40409	96850	17
广　西	876973	12937	4689	454947	127728	15976	123064	2
海　南	175552	3079	950	96361	27263	4687	15891	
重　庆	544359	11244	807	277699	76597	12134	44145	
四　川	1284564	24442	3249	680099	210941	31261	124044	8
贵　州	705184	14499	1301	389865	90417	16741	69010	19
云　南	864827	15573	2365	470116	119787	23032	43864	12
西　藏	70642	956	364	38797	11053	5318	5369	
陕　西	943389	26658	14515	406895	129591	27752	76308	9
甘　肃	683256	17578	3698	328170	88558	18315	83523	
青　海	142540	3847	1087	61650	25669	5388	11931	
宁　夏	142746	6274	497	67810	21263	4765	11327	
新　疆	604661	16746	5769	305572	93408	23019	68507	11
其　他	7109247	33197	17805	420617	69908	74659	138521	205

2-3-14 各地区公有制经济领域专业技术人才资源继续教育情况

单位：人次

地区	总人次	培训	学历学位教育
全国总计	**45238512**	**43343910**	**1894602**
北京	2467312	2377059	90253
天津	368116	348373	19743
河北	995650	952671	42979
山西	677250	644099	33151
内蒙古	621033	608132	12901
辽宁	775667	752389	23278
吉林	430971	406682	24289
黑龙江	517146	478308	38838
上海	924180	882486	41694
江苏	1965824	1758685	207139
浙江	1743823	1654453	89370
安徽	812799	778488	34311
福建	913839	884479	29360
江西	580112	547516	32596
山东	1895378	1790599	104779
河南	807292	748660	58632
湖北	827072	792326	34746
湖南	669085	592739	76346
广东	3824562	3677596	146966
广西	2729772	2549143	180629
海南	222749	208363	14386
重庆	1252366	1200071	52295
四川	2593772	2461783	131989
贵州	753637	729860	23777
云南	846921	810044	36877
西藏	14450	11441	3009
陕西	565136	529536	35600
甘肃	572788	549571	23217
青海	179836	175309	4527
宁夏	155841	149169	6672
新疆	341173	331479	9694
其他	13192960	12962401	230559

主要统计指标解释

专业技术人员　指在各类单位中从事专业技术工作、专业技术管理工作以及在管理岗位工作具有专业技术职务（资格）的人员。

在管理岗位工作的专业技术人员　指从事专业技术管理工作或在管理岗位工作具有专业技术职务（资格）的人员。

专业技术职务　指按现行专业技术职务任职资格序列，被聘任相关专业技术职务的人员。

高级职务　指按现行专业技术职务任职资格序列，受聘高级专业技术职务岗位。

副高级职务　指按现行专业技术职务任职资格序列，受聘副高级专业技术职务岗位。

中级职务　指按现行专业技术职务任职资格序列，受聘中级专业技术职务岗位。

初级职务　指按现行专业技术职务任职资格序列，受聘初级专业技术职务岗位。

继续教育　指对专业技术人才进行的以补充、更新、拓展知识、改善知识结构、提高专业技能水平和创新能力为目的的教育。

三、国家人才发展监测与评价主要指标

简要说明

一、主要内容

本篇资料通过三类主要指标反映2012年度全国人才资源发展监测与评价的总体状况，包括：人才资源综合实力指数等核心指标，国民平均受教育年限等规模与素质指标，人力资本投资占GDP的比例等投入与效能指标。

二、资料来源

本篇资料中，人才资源综合实力指数、人力资本贡献率、人才贡献率、国民平均受教育年限、从业人员在第一、二、三次产业中所占比例、人力资本投资占GDP的比例等指标由国家统计局计算提供；新增劳动人口平均受教育年限、主要劳动年龄人口受过高等教育的比例等指标由教育部计算提供；每万劳动力中研发（R&D）人员、每万劳动力中R&D研究人员、国际科技论文收录量（含港澳）、国际科技论文被引用量（含港澳）等指标由科技部计算提供；财政性教育支出、政府预算卫生支出、全国研究与试验发展经费等指标由财政部计算提供；本国人发明专利授权量（含港澳台）、本国人PCT国际专利申请量（含港澳台）等指标由国家知识产权局计算提供；人才国际竞争力指数指标由中国社会科学院计算提供；创业活动指数指标由清华大学计算提供。

3-1 国家人才发展监测与评价主要指标

指　标	单 位	2012年
一、核心指标		
人才资源综合实力指数		0.100
人才国际竞争力指数		0.509
人力资本贡献率	%	33.7
人才贡献率	%	29.8
创业活动指数	%	12.8
二、规模与素质		
国民平均受教育年限	年	9.2
新增劳动人口平均受教育年限	年	12.7
主要劳动年龄人口受过高等教育的比例	%	13.6
每万劳动力中研发(R&D)人员	人年/万人	42.3
每万劳动力中R&D研究人员	人年/万人	18.3
第一产业从业人员所占比例	%	33.6
第二产业从业人员所占比例	%	30.3
第三产业从业人员所占比例	%	36.1
三、投入与效能		
人力资本投资占GDP的比例	%	14.2
财政性教育支出	亿元	22236.2
政府预算卫生支出	亿元	7245.1
全国研究与试验发展经费	亿元	10298.4
本国人发明专利授权量(含港澳台)	件	143847.0
本国人PCT国际专利申请量(含港澳台)	件	18617.0
国际科技论文收录量(含港澳)	万篇	19.0
国际科技论文被引用量(含港澳)	万篇	114.3
国际科技论文被引用量(含港澳)	万次	709.9

主要统计指标解释

人才资源综合实力指数 该指数选取就业人数、劳动生产率、25—64岁人口中大学生比例、人均教育投资、人均卫生投资、研发人员数量、研发经费支出、三方专利申请量、SCI论文引证次数、高技术产业增加值等指标，以规模和素质的统一规定性为基础，采用综合指数法形成。通过计算该指数，可以比较不同国家的人才资源实力及其相对差异。

人才国际竞争力指数 人才国际竞争力指数是由人才主体、人才环境、人才创新、人才创富四个方面的若干指标经过加权计算并进行国际比较所得的相对数值。

人力资本贡献率 人力资本是以劳动者的质量或其拥有的技术、知识、工作能力所表现出来的资本。人力资本与物质资本两者共同构成国民财富。人力资本贡献率是指人力资本作为经济运行中的投入要素，通过其自身形成的递增收益，从而对经济总产出所作出的贡献份额。国内外学者一般运用柯布—道格拉斯（Cobb-Douglas）生产函数法来测算人力资本要素对经济增长的贡献率。在衡量人力资本投入时，一般将教育培训、医疗卫生、研发等投入都计算在内；而在测算人力资本对经济增长贡献率时，普遍采用对形成人的知识、技术及工作能力有直接作用的教育投入的结果——从业人员受教育年限总数来代表人力资本进行计算。

创业活动指数 创业活动指数是基于GEM（Global Entrepreneurship Monitor的简称，指全球创业观察项目）概念框架和调查数据计算，用以衡量一个国家创业活动活跃程度和特征的全球通用性指标，即每百位18至64岁成年人中参与早期创业活动的人数，可进一步分为生存型创业指数和机会型创业指数。在创业活动指数基础上，计算大学本科及以上学历创业者的创业活动指数，即可得出人才创业活动指数。

国民平均受教育年限 指15岁及以上人口所受普通教育的年限总和与15岁及以上人口总数之比。

新增劳动人口平均受教育年限 指当年新增劳动人口所受普通教育的年限总和与当年新增劳动人口总数之比。

每万劳动力中R&D研究人员 指每万劳动力中研究人员全时当量数。R&D研究人员指R&D

人员中从事新知识、新产品、新工艺、新方法、新系统的构想或创造的专业人员及 R&D 课题的高级管理人员，一般具备中级以上职称或博士学历（或学位）。

财政性教育支出 指政府用于国家教育事业的财政性经费支出，包括国家财政预算内教育经费，各级政府征收用于教育的税费，企业办学中的企业拨款，校办产业和社会服务收入用于教育的经费。该指标用以反映和衡量我国对教育投入的经费数量和水平。

政府预算卫生支出 指各级政府用于卫生事业的财政拨款，包括上级财政拨款和本级财政拨款。上级财政拨款指上级政府财政部门或卫生部门对其下级政府所属卫生机构的财政预算补助。本级财政拨款指本级政府对其所属卫生机构的财政预算补助。

全国研究与试验发展经费 指统计年度内全社会实际用于基础研究、应用研究和试验发展的经费支出。包括实际用于研究与试验发展活动的人员劳务费、原材料费、固定资产购建费、管理费及其他费用支出。

本国人发明专利授权量 指我国申请人获得的由国家专利局授予的发明创造专有权数量。

本国人 PCT 国际专利申请量 指我国申请人向世界知识产权组织提交的 PCT （Patent Cooperation Treaty 的简称，指《专利合作条约》）国际专利申请数量。

国际科技论文收录量 指国际重要检索系统——《科学引文索引》(SCI)收录的科技论文数量。若统计 2012 年中国的国际科技论文收录量，则是指 SCI 数据库 2012 年收录的中国科技人员发表论文的数量。

国际科技论文被引用量 指国际重要检索系统——《科学引文索引》（SCI）中收录的科技论文被引用的数量。国际科技论文的被引量统计，一般是以十年段滚动，统计累计被引用的数量。若在 2012 年统计中国的国际科技论文被引量，则是指 2002-2012 年 SCI 收录的中国科技人员发表的科技论文累计被引用的数量。